W0203074

tanzen

Ein fröhliches Wörterbuch für Tanzlehrer
und deren Schüler, Standardtänzer und Latein-
amerikaner, Tanzbesessene – wie Bluesbären,
Mambomäuse, Tangotiger und Sambaschlangen.

Von Friedhelm Moser
mit Zeichnungen von Peter Butschkow

TOMUS

Abtanzball

A

Abschleppen

Beliebte Individualsportart, die – ebenso wie die verwandte Disziplin des Aufreißens – vor allem in Diskotheken ausgeübt wird. Abschleppen verlangt Geschicklichkeit, Stehvermögen und eine gewisse Härte. Zur obligatorischen Ausstattung gehört der Abschleppwagen.

Abstand

Der zwischen den Tanzpartnern eingeklemmte Raum ergibt sich aus einem Kräftespiel zwischen der Anziehungskraft des Herrn und der Fliehkraft der Dame (seltener umgekehrt). Mit dem Abstand verringert sich gewöhnlich auch der Anstand – und nicht selten endet das Ganze im Ehestand.

Abtanzball

Die Reifeprüfung des Tanzschülers. Hier will er unter den Augen seiner stolzen Eltern zeigen, was er alles gelernt hat, – und muß erkennen, daß auf einer überfüllten Tanzfläche all die mühsam erarbeiteten Schrittkombinationen nur ein Ergebnis haben: peinliche Massenkarambolagen.

Accessoires

Modisches Zubehör, wie z.B. Tücher, Gürtel, Handschuhe, Modeschmuck; zu den unverzichtbaren Accessoires der Dame gehört unbedingt ein flotter Herr an ihrer Seite. Es dürfen auch zwei sein.

ADTV

1) Abkürzung für „Allgemeiner Deutscher Tanzlehrerverband“. Nicht zu verwechseln mit:
2) „ADTV!“ höfliche Kurzform für: „Aua, du Trampel! Vorsicht!“ Wer auch noch, nachdem man/frau ihm zum zehnten Mal aufs Hühnerauge getreten ist, die Form wahrt, beweist dadurch Kultur und Charakter.

Afrika Die Urheimat der meisten unserer Tänze. Grund für die Tanzbegeisterung der Afrikaner ist zweifellos das tropische Klima. Wer mit bloßen Füßen über sonnendurchglühten Sand gehen muß, dem bleibt gar nichts anderes übrig, als zu tanzen.

Alemana Figur, bei der die Dame durchdreht.

Alkohol Hochprozentige Getränke steigern zwar das Tanz-Verlangen, untergraben jedoch die Fähigkeit, Takt und Gleichgewicht zu halten. Und – egal ob Standard oder Lateinamerikanisch – wer auf allen vieren tanzt, wirkt nur noch bedingt elegant.

Anfänger Tänzer, den immer wieder die eine entscheidende Frage beschäftigt: Mit welchem Fuß muß ich anfangen?

Animation Die Kunst des Tanzlehrers, aus ein paar verklemmten, steifbeinigen, verängstigt herumstaksenden Tanzschülern einen fröhlich hopsenden Haufen zu machen.

Anmacher (auch: Aufreißer). Frauenjäger im Disco-Dschungel. Amor mußte seiner Beute noch geduldig nachsteigen, um sie nach langer Pirsch schließlich waidgerecht mit Pfeil und Bogen zu erlegen. Dagegen hat der Anmacher, dieser Wilderer im Lustrevier, sich unserer schnellebigen Zeit angepaßt: Er beharkt sein Opfer mit einem Dauerfeuer cooler Sprüche, bis es zermürbt in seinen Porsche steigt.

Appell Das Aufstampfen beim Paso doble. Dadurch will der Torero-Tänzer den Stier auf sich aufmerksam machen und zum Angriff reizen. Man sollte beim Appell aufpassen, wohin man tritt. Es könnte sonst tatsächlich zu einem Angriff kommen – nicht durch

Alkohol
GNÄ' FRAU! B-B-BLEIBEN SIE SO!
BUTSCHKOW

Auffordern

einen wilden Stier, sondern durch einen wutschnaubenden Bodybuilder, dem man aus Versehen die Zehen zerstampft hat.

Applaus

Mit ihm belohnen die Tänzer nach jeder Nummer die Kapelle. Klatschen Sie auch dann, wenn die Musiker den Takt, in dem Sie getanzt haben, nicht halten konnten. Denken Sie immer daran: Es ist noch kein (Kapell-)Meister vom Himmel gefallen, und nicht alle Menschen sind so musikalisch wie Sie.

Auffordern

Die Aufforderung zum Tanz ist nicht nur eine Komposition von Carl Maria von Weber, sondern auch ein heikler Akt:
Bereits auf dem Weg über die Tanzfläche müssen alle Konkurrenten, die auf die gleiche Dame zusteuern, unauffällig außer Gefecht gesetzt werden (z.B. durch einen versteckten Bodycheck). Wie man sich der Dame nähert, ist eine Frage des Naturells: Der eine geht im Sturmangriff vor, der andere nutzt, indem er sich aus dem Hinterhalt anpirscht, den Überraschungseffekt. Beide Methoden haben ihre Vorteile. Auf keinen Fall sollte der Herr sich so tief verbeugen, daß die Dame die kahle Stelle an seinem Hinterkopf sofort bemerkt. Höfliche Floskeln wie „Darf ich um diesen Walzer bitten?“ sind hoffnungslos veraltet. Sprechen Sie lieber offen aus, was Sie bewegt: „Du machst mich total an, Alte. Kommst du mit zu mir? Oder wollen wir erst einen abhotten?“

Aufschlag

Stoffrinne am unteren Rand der Beinkleider, in der sich während des Tanzens abgesprungene Knöpfe, herunterfallende Kontaktlinsen und weggeschnipste Zigarettenkippen fangen können. Ein heißer Tip für die Damen: Der Hosenaufschlag des Herrn ist ein idealer Ort zur Kontaktaufnahme auf der Tanzfläche. Einmal kräftig mit dem Pfennigabsatz hineintreten, und dem Herrn wird nichts anderes übrig bleiben, als Sie kennenzulernen.

Ausdruckstanz

Ausdruckstanz Tanz, in dem sich seelisches Erleben ausdrückt. Meisterinnen des Ausdruckstanzes waren Mary Wigman und Isadora Duncan. Doch muß man kein großer Künstler sein, um mit Ausdruck zu tanzen: Jeder hat etwas auszudrücken, und seien es auch nur Zitronen.

Ausschlafen Davon träumt, wer nach einer rauschenden Ballnacht gegen fünf Uhr morgens ins Bett sinkt. Ein typischer Fall von Denkste: Punkt sechs klingelt der Telegrammbote (er hat sich in der Etage geirrt). Halb sieben bekommt der Pekinese der Nachbarin einen Tobsuchtsanfall. Um fünf nach sieben beginnen die Abbrucharbeiten am Haus gegenüber. Ohropax vobiscum.

B

Ball Von Ex-Nationaltrainer Herberger stammt der vielzitierte Satz: „Der Ball ist rund.“ Sepp Herberger verstand offenbar nicht viel vom Tanzen; denn richtig muß es heißen: „Beim Ball geht's rund.“

Ball der Einsamen Herzen Tanzveranstaltung für Herzbube und Herzdame – in diskreter, aufregend plüschiger Atmosphäre. Das große Glück winkt, wenn das Lämpchen am Tischtelefon zu blinken beginnt.

Ballett Die hohe Schule des Tanzes. Traum auch der kleinsten Ballettratte, einmal als Primaballerina über die Bretter zu tanzen, die die Welt bedeuten.

Ballhandschuhe Exklusives Accessoire für „Ihn“. Ballhandschuhe verhindern, daß der Herr seine schmuddeligen Fingerabdrücke auf dem Abendkleid der Dame hinterläßt.

Ballistik	Laut Lexikon „die Lehre von der Bewegung geworfener, geschossener oder durch Rückstoß angetriebener Körper im lufterfüllten Raum“ – mit anderen Worten: die Lehre vom Rock'n'Roll-Tanz.
Ballkönigin	Die begehrteste Frau des Abends (in der Regel die Bedienung in der Sektbar).
Ballsaal	Eine Galaxie im Kleinen. Die Damen sind die Sterne – einige strahlen heller, andere matter –, und die Herren sind die Planeten, die nimmermüde ihre Sterne umkreisen, um sich in ihrem Glanz zu sonnen.
Bandscheibe	Knautschzone zwischen zwei Wirbeln. Beim temperamentvollen Tanzen werden die Bandscheiben überdurchschnittlich belastet. Da wird so manche Knautschzone zur Autschzone.
Bar	Rettungsinsel der Nichttänzer. Hier klammert sich an seinen Drink, wer nicht den Mut aufbringt, sich an eine Dame zu klammern. Doch ob Rum oder Rumba, irgendwann geht jeder unter.
Bauchtanz	Orientalischer Frauentanz, meist vor lüsternen Männeraugen. Die Kunst der Bauchtänzerin besteht darin, den nackten Bauch so erotisierend zu rollen wie eine Boa Constrictor mit Verdauungsbeschwerden.
Benimmregeln	Leitlinien für gutes Benehmen, die früher in den Tanzschulen beigebracht wurden. Heutzutage sind Benimmregeln überflüssig, denn wir sind jetzt ja alle irgendwie eine große Familie, und da muß man total spontan sein können, sonst wird das ja wohl Krampf – echt ... und überhaupt. Also, Benimmregeln sind genau so'n Quatsch wie Regeln für Sprache und so, klar?

Benimmregeln

Berührungspunkte

Berührungspunkte	Kontakte, durch die der Harmonie-Strom fließt: beim Herrn KKF (siehe: KKF), rechter Arm und linke Hand; bei der Dame KKF, linker Arm und rechte Hand. Der Harmoniestrom fließt nur dann störungsfrei vom Herrn zur Dame hinüber, wenn es zwischen den beiden „funkt“ und „knistert“.
Betriebsausflug	Sauftour im Kollegenkreis, meist mit abschließendem Tanz. Für die Mitarbeiterinnen die einzige Gelegenheit, dem Chef einmal kräftig auf die Hühneraugen zu treten, ohne gleich eine Kündigung zu riskieren.
Blacklight	(sprich: Bläcklait). Ultraviolette Diskothekenbeleuchtung. Blacklight läßt weiße Kleidung neonröhrenartig aufstrahlen, während alles andere in gespenstischem Dunkel versinkt. Gesichter verzerren sich zu dämonisch grinsenden Visagen, und wer im Blacklight lächelt, sieht aus wie Dracula vorm Zähneputzen.
Blasen	Durch Ablösung der oberen Hautschichten entstehende Ausstülpungen. Blasen an den Füßen treten meist in Gesellschaft von neuen Schuhen auf. Dagegen hilft nur ein Mittel: Aufstechen, ausbrennen und weitertanzen. Merke: Ein Tänzer kennt keinen Schmerz.
Blues	Der Schmusetanz schlechthin (alte Tanzweisheit: Der Busen in der Bluse schwillt, wenn es beim Blues zu schmusen gilt). Das Paar, das sich beim Blues nicht näherkommt, sollte dringend eine Partnerschaftsberatung aufsuchen.
Bossa Nova	1) Modetanz, aus Brasilien importiert. 2) scherzhafte Bezeichnung für eine neue Chefin.

Bouncen (sprich: baunzen). Zum Sambarhythmus auf und ab hüpfen wie ein Flummi. Man lernt es, indem man Seilspringen ohne Seil trainiert. Wer über 150 Kilo wiegt, sollte vom Bouncen Abstand nehmen, sofern sich der Ballsaal nicht im Erdgeschoß befindet.

Break-Dance Akrobatischer Ein-Mann-Showtanz zur Rap-Musik. Der Break-Dance kommt aus den dunkelsten Vierteln von New York, die Rap-Musik kommt aus dem wattmächtigen Ghetto-Blaster, und der Zuschauer kommt aus dem Staunen nicht heraus, wenn der Breakdancer auf dem Straßenpflaster herumwirbelt wie ein dem Wahnsinn verfallener Roboter mit weißen Handschuhen.

Brillantine Creme, mit deren Hilfe die Haare ebenso glänzen wie die Lackschuhe.

Brocken

1) Sagenumwobener Gipfel im Harz; hier schwofen in der Walpurgisnacht die Hexen mit ihrem bocksbeinigen Eintänzer.
2) Schwergewichtige(r) Tanzpartner(in).

Brüderschaft Sie trinkt man zu vorgerückter Stunde – am liebsten mit Schwestern – in der Sektbar. Danach tanzt man auf dem Duzfuß. Am Morgen danach stellen sich zwei Fragen: a) Mit wie vielen Leuten habe ich überhaupt Brüderschaft getrunken? b) Wie mache ich das alles wieder rückgängig?

Bügelfalte Falte, die Hosenbeine in Form bringt – und zwar in die aerodynamisch günstige Pfeilform. Es ist unbegreiflich, warum von allen Sportdisziplinen bisher nur der Tanzsport die Konsequenzen aus dieser offensichtlichen Tatsache gezogen hat. Auch Sprinter, Eisschnelläufer und Radrennfahrer könnten die beste-

Break-Dance

Bump

henden Weltrekorde mühelos pulverisieren, würden sie sich nur endlich dazu entschließen, Hosen mit Bügelfalten zu tragen.

Bukett

Blumensträußchen, welches der Herr seiner Dame vor einem Ball überreicht. Das ist eine nette Geste; außerdem kann er ihr so „durch die Blume" zu verstehen geben, was er für sie empfindet. Mimosen bedeuten: „Kommen Sie mir nicht zu nah!"; wer Veilchen verschenkt, signalisiert: „Für Sie würde ich mich schlagen"; eine Venusfliegenfalle will sagen: „Sie gleichen der **Venus** von Milo; ich würde auf Sie **fliegen**, wenn ich nicht Angst hätte, daß Sie mich in die Ehe**falle** locken wollen."

Bump

(auf gut Deutsch: Bums). Ein Modetanz, bei dem die Partner Hüften, Schultern oder Hintern gegeneinander prallen lassen. Eine Abart des Bump, der sogenannte Auto-Bump, erfreut sich nach wie vor großer Beliebtheit auf unseren Straßen und Parkplätzen. Begleitet wird der Auto-Bump von Blechmusik und Martinshörnern.

C

Cancan

Dieser französische Tanz wurde Mitte des vorigen Jahrhunderts in Paris aus der Taufe gehoben. Nachdem die Sittenrichter ihn als „Vorstufe zur Hurerei" gebrandmarkt hatten, war sein Siegeszug nicht mehr aufzuhalten.

Wer einmal einen Cancan gesehen hat, wird dieses Schauspiel nie wieder vergessen: ein paar hysterische junge Damen (bzw. „Damen") werfen die Beine in die Luft oder schlagen Rad, um vor den lüsternen Augen des meist männlichen Publikums ihre

Damenwahl

von Rüschen überwucherte Unterwäsche zu enthüllen. Dabei kreischen sie wie notbremsende Lokomotiven – mit einem Wort: Erotik.

Cha-Cha-Cha

Kommt aus Kuba, genauso wie die Havanna-Zigarren und der Rum, und geht genauso ins Blut.

D

Dame

Auf dem Schachbrett sind die Damen die alles beherrschenden und mit Abstand wertvollsten Figuren. Auf dem Parkett auch. Auf dem Schachbrett gilt: Nur ein Trottel läßt sich seine Dame abnehmen. Auf dem Parkett auch. Auf dem Schachbrett gelingt es nur selten, einen Bauern in eine Dame umzuwandeln. Auf dem Parkett auch.

Damensolo

Tanzfigur, bei der sich die Dame kurzzeitig von der Führung des Herrn befreit; ein wesentlicher Beitrag zur Emanzipation auf dem Parkett.

Damenwahl

Gleichberechtigungsintermezzo. Auf dem Parkett sind die Herren eindeutig unterprivilegiert. Sie müssen sich mit dem aktiven Wahlrecht zufrieden geben, während die Damen das weitaus bedeutsamere passive Wahlrecht genießen.

Nur gelegentlich, wenn der Bandleader „auf vielfachen Wunsch einer einzelnen Dame“ zur Damenwahl aufruft, darf das männliche Geschlecht sich kurzzeitig emanzipieren. Dann rutschen Klaus, Peter und Karl-Heinz mit klopfenden Herzen auf ihren Stühlen herum, und insgeheim hoffen sie darauf, daß plötzlich aus einem Winkel Miß Universum hervoreilt, sich auf sie stürzt,

	und mit schmachtendem Blick die Frage haucht: „Darf ich bitten?“
Debütantin	Junges Mädchen, das auf einem Ball in die Gesellschaft eingeführt wird; wenn sie erst einmal eingeführt ist, darf sie auch ausgeführt werden, und das nicht nur von Exporteuren.
Dekolleté	Schaufenster des Ballkleides. Das Angebot im Laden muß jedoch nicht unbedingt alles halten, was die Auslage verspricht.
Dessous	Was man sieht, wenn die Röcke wirbeln. Das Zurschaustellen nackter Beine und reizvoller Dessous gibt vielen Tänzen (z.B. Cancan, Lambada) einen pikanten Beigeschmack. Wer meint, das sei eine moderne Entwicklung und somit ein Beweis für den fortschreitenden Sittenverfall, der irrt. Schon bei den Bauerntänzen des Mittelalters gehörte das „Umwerfen“ der Mädchen zum guten Ton, und damals gab es noch keine Dessous …
Diener	Verbeugung bei der Aufforderung. Ein Herr, der keinen Diener macht, ist keiner. Zur Verbeugung baut sich der Herr vor der betreffenden Dame auf und schlägt die Hacken zusammen. Sein Oberkörper klappt vor, bis er mit den Beinen einen rechten Winkel bildet (Vorsicht! Nicht mit der Stirn auf die Tischplatte schlagen!). So einen Sekundenbruchteil verharren. Dann schnellt der Oberkörper in die Ausgangsposition zurück. Falls nicht, liegt das am Hexenschuß.
Dirndl	Volkstanz-Outfit für Dirndln; einzige Möglichkeit, in einer Diskothek noch Aufsehen zu erregen.
Dirty Dancing	Vorspiel im Mamborhythmus.

Diener

Disc-Jockey (kurz: D. J., sprich: Die Dschee); wörtlich „Scheibenreiter". Unheimlich cooler Typ, der auf heißen Scheiben die Hitparade rauf und runter reitet.

Disco Dancing Freistil-Tanz. Der Ruin der Tanzschulen, denn die Bewegungen des Disco Dancing muß man nicht Schritt für Schritt erlernen. Es reicht, wenn man sich an eine Autobatterie anschließt.

Disco-Fieber Teenagermalaria. Das Disco-Fieber ist eine anfallartige Krankheit, die epidemisch an Wochenenden ausbricht. Das Disco-Virus (musica discothecensis) ist nachtaktiv und befällt vor allem junge Leute.

Der Krankheitsverlauf: Rhythmische Zuckungen des ganzen Körpers führen im Laufe einer einzigen Nacht zur völligen Entkräftung. Weitere Symptome: Schweißausbrüche, Blasen an den Füßen, euphorische Zustände.

Die Bemühungen, die Brutstätten dieser Krankheit auszuräuchern, sind bis jetzt vergeblich geblieben. Je verräucherter die Disco, desto wohler scheint sich das Virus zu fühlen.

Disco-Fox (der Diskofuchs). Ein Tier, das praktisch in jedem musikalischen Biotop anzutreffen ist. Der Diskofuchs bewegt sich nicht schnürend, sondern tanzend fort, wobei er meist sein Weibchen (die Diskofähe) vor sich herschiebt.

Diskothek Folterkeller für den modernen Masochisten. Das flackernde Blacklight blendet, der Zigarettenrauch verätzt die Augen, die Bässe zerhämmern die Trommelfelle, man wird geschubst, getreten und mit Bier übergossen – und bezahlt auch noch teuer für alles.

Disco-Fox
BUTSCHKOW

Durchzieher

Doppelgängerin

Horrorgestalt der weiblichen Phantasie. Die Doppelgängerin taucht bei einer festlichen Veranstaltung in exakt dem gleichen Abendkleid auf wie frau selbst, und es steht ihr auch noch besser. Die Frau, die unvermutet ihrer Doppelgängerin begegnet, hat nur zwei Möglichkeiten:
a) sofortige Flucht;
b) der Doppelgängerin ein Glas Rotwein (oder, falls verfügbar, heiße Bratensoße) übers Kleid zu gießen.

Doppelhandfassung

Sicherheitsgriff für alle, die leicht aus der Fassung geraten.

Durchzieher

Rock'n'Roll-Tanzfigur, bei der der Herr die Dame zwischen seinen gespreizten Beinen durchzieht. Der Mann mit Humor wird vorher einen Liter Trinkschokolade auf den Boden gießen, um seine Partnerin einmal richtig durch den Kakao ziehen zu können.

E

Eifersucht

Gefühl, das einen überkommt, wenn man sieht, wie die Ehefrau oder Freundin mit einem anderen tanzt. Besonders, wenn der andere besser tanzt als man selbst. Und wenn die Ehefrau oder Freundin („Das treulose Stück!") sich offensichtlich gut amüsiert. Und wenn der Kerl („Dieser ölige Widerling"!) sie enger an sich zieht, um ihr etwas ins Ohr zu flüstern („Was nur? Ein Kompliment?? Oder gar ...???"). – Spätestens jetzt sollte man aufs Parkett eilen, die Tanzenden auseinanderzerren und den Nebenbuhler zum Duell fordern.

Eistanz
1) Kufen-Fox mit eingebauter Todesspirale.
2) Tanz, bei dem Herr und Frau Eskimo sich nach dem Iglubau aufwärmen.

Ellenbogen
Allroundwaffe auf der Tanzfläche; dazu wird der Ellenbogen spitz angewinkelt und möglichst weit herausgestreckt; ein stählerner Rammsporn auf dem Musikknochen verstärkt den Effekt.

Englisch
Die Sprache des Tanzsports. Wer einen weiterführenden Tanzkurs belegt, sollte möglichst parallel dazu mit einem Englischstudium beginnen. Sonst versteht er nur Bahnhof, wenn der Tanzlehrer beim Slowfox ruft: „Jetzt bitte einen Hinge mit Swivel zum Same Foot Lunge, das Ende mit Telespin, dann einen Teleswivel mit Lilt!“

Ernteball
Dörfliche Tanzveranstaltung im Herbst, bei der kartoffelnasige Jungbauern und strohblonde Landmaiden einander die schwieligen Hände reichen.

Expander
Tanzfigur, bei der die Tanzpartner einander als Fitneßgerät mißbrauchen.

F

Feste
Soll man feiern, wie sie fallen. Wenn sie nicht fallen wollen, muß man ihnen ein Bein stellen, z.B. das Tanzbein.

Ernteball

Fete

Fete

Zwangloses Fest im Freundeskreis. Zur Begrüßung gibt es Küßchen und ein Glas Sekt. Ein kleiner Imbiß gehört dazu. Während man Kartoffelchips, Krabbencocktail und griechischen Salat in sich hineinschaufelt, kann man den neuesten Klatsch loswerden. Anschließend wird der Teppich aufgerollt, und alles tanzt – selbst die Gläser in der Vitrine und die Bilder an den Wänden. Nachbarn, die sich in ihrer Nachtruhe gestört fühlen, werden gezwungen, mitzufeiern. Ebenso alle Polizeistreifen, die ganz zufällig hereinschauen. Die gelungene Fete endet erst kurz vor dem Morgengrauen, gewöhnlich in der Küche. Die übrigen Zimmer sind nicht mehr bewohnbar.

Feuerwehrball

Dörfliche Festivität, bei der kein Feuer, sondern der Durst gelöscht wird; wer am nächsten Morgen den größten Brand hat, wird zum neuen Brandmeister ernannt.

Fliege

Propellerförmiges Textilinsekt, gegen Schädlingsbekämpfungsmittel immun. Die Fliege sitzt gewöhnlich, von einem Gummizug gehalten, auf dem männlichen Adamsapfel. Erfahrene Frauen schätzen die Fliege als Notbremse. Tanzt der Partner zu wild, genügt ein kurzer Griff an seinen Hals: Einmal kräftig ziehen und fliegen lassen …

Flirt

1) Rock'n'Roll-Tanzfigur mit Streicheleinheiten.
2) Das Salz in der Suppe einer jeden Festivität. Doch auch hier sollte man das rechte Maß beachten: Zuviel Salz ist gesundheitsschädlich.

Fortgeschrittener

Jeder, der eine Figur mehr beherrscht als der Anfänger (und der deshalb berechtigt ist, voller Verachtung auf jenen herabzuschauen).

Freudentanz

Foxtrott	(deutsch: Fuchslauf). Dieser flotte Tanz verdankt seinen Namen offensichtlich einer Verwechslung: eigentlich müßte er „Hasenlauf“ heißen. Denn nicht der Fuchs, sondern der Hase hat unterschiedlich lange Beine: zwei lange (Hinterbeine) und zwei kurze (Vorderbeine) – und er hoppelt deshalb im Foxtrottrhythmus: „lang-lang-kurz-kurz“. Wer immer dem Foxtrott seinen Namen gegeben hat, er war entweder ein Banause oder ein Fuchsfan und Hasenhasser.
Foxtrottel	Einer, der keinen Foxtrott tanzen kann.
Frauenüberschuß	Normales Phänomen bei Singletanzkursen und Seniorentanztees. Dafür gibt es zwei Gründe: a) Frauen haben im allgemeinen mehr Lust zum Tanzen als Männer; b) Frauen leben (jedenfalls statistisch) länger als Männer. Womit bewiesen wäre: Wer tanzt, lebt länger.
Freudentanz	Tanz ohne festgelegte Choreographie, meist von wilden Begeisterungsschreien begleitet; Freudentänze sind Ausdruck überschäumender Fröhlichkeit, nicht nur in Freudenhäusern.
Führen	Die vornehmste Aufgabe des Herren: den Damen zu zeigen, wo's langgeht. Hier entfaltet der Herr seine Feldherrenqualitäten: Überblick, Phantasie, Entschlußkraft und Durchsetzungsvermögen. Wenn er's richtig macht, wird jede Dame Wachs in seinen Händen. (Merke: Gut geführt ist halb verführt.)
Füße	Plumpe, in je fünf Zehen ausfransende Fortsätze am unteren Ende der Beine. Auf den Füßen steht und geht der normale Mensch. Der Tänzer benutzt die Füße darüberhinaus zum Bouncen, Kicken, Drehen, Pointen, Tappen, usw.

Füße, eingeschlafene

Die Folge von übergeschlagenen Beinen. Auf der Tanzfläche werden eingeschlafene Füße im allgemeinen als störend empfunden. Man weckt sie am wirkungsvollsten durch ein paar energische Paso-doble-Appelle.

G

Garderobe

1) Hochgestochen für: Kleidung.
2) Raum, wo das Turniertanzpaar sich vor dem Wettkampf noch einmal in aller Ruhe anschreien kann, bevor es, zur Harmonie verdammt, ins Scheinwerferlicht hinaus muß.
3) Ort, wo man mit etwas Geschick seine billigen, abgetragenen Kleidungsstücke gegen todschicke Edelklamotten vertauschen kann.

Geistertänzer

Tänzer, die sich entgegen der Tanzrichtung bewegen. Eine solche Regelübertretung wird mit Rempeln nicht unter drei blauen Flecken bestraft.

Geschlossene Übergänge

Zwischenschritte beim Walzer. Im Gegensatz zur Politik, wo geschlossene (Grenz-)Übergänge immer Ärger mit sich bringen, sind geschlossene Übergänge beim Tanzen Vorbedingung für grenzenlose Tanzfreude.

Gigolo

Ursprünglich: Eintänzer. Als Gigolo bezeichnen Männer gewöhnlich einen attraktiven Geschlechtsgenossen, von dem sie glauben, daß er das für Geld tut, wofür sie bezahlen müssen.

Füße, eingeschlafene

Goldstar

Die Habilitation des Tänzers, und somit die höchste Stufe auf der Tanzkursleiter. Inhaber der Tanznadel dürfen die folgenden Titel tragen:

Bronze:	Tanz-Kandidat (cand. swing)
Silber:	Magister des Tanzes (M.T.)
Gold:	Tanz-Doktor (Dr. swing)
Goldstar:	Welt-Tanz-Professor (WTP)

Vom Tanz-Professor zum Tanz-Professional ist es dann nur noch ein kleiner Schritt (etwa fünf Jahre hartes Training).

Grapschen

Der gute Tänzer achtet auch auf seine Hände. Wer seine Partnerin mit gespreizten Fingern begrapscht, verrät damit mangelndes Stilgefühl. Die Dame ist kein Basketball (auch wenn sie möglicherweise so aussieht).

Größenunterschied

Wenn der Herr etwas größer und kräftiger gebaut ist als die Dame, so hat das gewisse Vorteile. Es sieht unschön aus, wenn die Dame in die Knie gehen muß, um sich unter dem Arm des Herrn zu drehen. Und ein Herr, der beim Rock'n'Roll unter der Last seiner Dame zusammenbricht, sorgt zwar für allgemeine Heiterkeit, aber eine Augenweide ist er nicht. Andererseits sollte der Herr auch nicht zu riesig sein. Seine Partnerin wird es bald leid werden, ständig nur auf seine Gürtelschnalle zu starren.

Grundkurs

Kurs, in dem der Anfänger das ABC des Tanzens lernt (**A**uffordern, **B**etatschen, **C**atch-as-catch-can).

Gürtellinie

Demarkationslinie des Körpers beim Ringen, Boxen und Tanzen. Nur beim Freistiltanzen darf unter die Gürtellinie gefaßt werden.

Größenunterschied
HALTEN SIE SICH NUR GUT FEST!
BUTSCHKOW

Herr

H

Handkuß

Höfliche Form des Bakterienaustauschs; Mitgiftjäger können beim Handkuß überprüfen, ob die Brillantringe der Dame echt sind, d.h. ob es sich überhaupt lohnt, ihr den Hof zu machen.

Herr

Diener der Dame.

Hochzeit

Feier, bei der ein junges Paar in den siebenten Himmel tanzt und an die es sich immer noch erinnert, wenn es schon längst aus allen Wolken gefallen ist.

Hühnerauge

Sinnesorgan, mit dem man ausschließlich Sterne sehen kann.

I

Isolation

besonders beim Jazztanz: vom Restkörper unabhängige Bewegung eines Körperteils, z.B. das Wackeln mit den Ohren.

J

Jive

Gezähmter Boogie, den man als Single Time, als Double Time oder als schnellen Triple Time tanzen kann. Den Grundschritt lernt man am besten, während man vor einer besetzten Toilette wartet. Man beginnt beim langsamen Single Time und steigert sich dann ganz von selbst.

K

Karneval

Feier vor dem Beginn der Fastenzeit. Bevor der Mensch dem Fleisch Lebewohl sagt, greift er hier noch einmal kräftig zu. Getanzt wird dabei nach sogenannten Karnevalsschlagern, die mit ihren anspruchsvollen Texten und besinnlichen Melodien für die dem Ereignis angemessene verhaltene Stimmung sorgen.

Kasatschok

Russischer Volkstanz, bei dem man mit verschränkten Armen in die Knie geht und die Beine wirft. Der Kasatschok wurde von den Kosaken erfunden, die auf diese Weise ihre Reitstiefel auszuziehen pflegten.

Kavalier

Vom Aussterben bedrohte Spezies der Gattung Mensch. Der fehlende Nachwuchs an Kavalieren ist nicht so sehr auf Umwelteinflüsse zurückzuführen als vielmehr auf das zu umständliche Balzverhalten des Kavaliers. Bis er zur Sache kommt, ist seine Dame meist schon in den Wechseljahren.

KKF

Körperkontaktfläche (nicht zu verwechseln mit: FKK – Freikörperkultur); die Körperkontaktfläche wächst mit der Zuneigung.

Knicks

Einseitige Kniebeuge; das weibliche Gegenstück zur männlichen Verbeugung. Der Knicks heißt so, weil es dabei im **Kni**e kna**cks**t.

Knigge

Das Benimmbuch des Herrn von Knigge warnt eindringlich vor übermäßigem Tanzen: „Wenn das Blut in Wallung kommt, so ist die Vernunft nicht mehr Meister der Sinnlichkeit; verschiedene Arten von Temperamentfehlern werden dann offenbar. Man sei also auf der Hut! Der Tanz versetzt uns in eine Art Rausch, in welchem die Gemüter die Verstellung vergessen."

Kavalier

...HABE ICH DIE STIRN, SIE IN ALLER DREISTIGKEIT, ABER AUCH IN GEBÜHRENDER DEMUT AUF EINE FRAGE VORZUBEREITEN, DIE....

Körpersprache

Knoblauch	Hilft gegen Vampire und bringt garantiert Spannung in die Tanzhaltung.
Knöpfe	Sind im Zusammenhang mit dem Tanzen weniger wichtig, bis auf einen: das ist der Jackettknopf, den der Herr aufknöpfen muß, wenn er sich setzt; und den er schließen muß, wenn er aufsteht; und den er wieder aufknöpfen muß, wenn er sich wieder setzt; und den er wieder schließen muß, wenn er wieder aufsteht, usw., usw. Es wird wirklich höchste Zeit, daß jemand den automatischen Jackettknopf erfindet.
Körpersprache	Wenn Bewegung die Sprache des Körpers ist, dann ist der Tanz sein Gesang. Leider können manche Menschen partout nicht singen.
Konversation	Gehobene Unterhaltung. In der Konversation mit seiner Tanzpartnerin verrät der Herr, wes Geistes Kind er ist. Besonders aufschlußreich ist der Beginn einer Konversation. Der Intellektuelle bevorzugt geistreiche Gesprächseröffnungen wie: „Sind Sie öfters hier?“ Der Natürliche fragt grinsend: „Heiß hier, wa?“ Der Souveräne bricht das Eis durch einen kleinen Scherz: „Tanzen Sie gern?“ – „Ja.“ – „Warum lernen Sie's dann nicht?“.
Korb	Gefäß, dessen Vergabe fatale Auswirkungen auf das männliche Selbstwertgefühl hat; eins der schwersten Geschütze im weiblichen Waffenarsenal. Es gibt: a) diplomatische Körbe („Nein, danke. Ich möchte jetzt nicht tanzen. Meine Füße tun so weh. Fragen Sie mich doch in fünf Jahren noch einmal!“), b) ungehobelte Körbe („Verp... dich!“) und

c) für Frauen, die nicht nein sagen können, ausgesprochen listige Körbe („Aber natürlich, gern. Sie sind übrigens der erste, der mich auffordert. Wirklich mutig von Ihnen, mit einer Pestkranken zu tanzen ... Wohin wollen Sie denn? Halt! Bleiben Sie doch ...!“)

Kreppsohle Früher ging man in Schuhen mit Ledersohle auf die Tanzfläche. Heute sind die Sitten nicht mehr ganz so streng. Achten Sie nur darauf, daß sie im Takt quietschen!

Krawatte Zivilisationsstrick, an dem der tanzunwillige Mann aufs Parkett geschleift werden kann; bei Junggesellen hat die Krawatte noch eine weitere wichtige Funktion: sie verdeckt die fehlenden Hemdknöpfe.

Kummerbund Seidene Leibbinde; einen Kummerbund trägt der Herr zum Smoking, wenn er seinen Kummerspeck stilvoll verstecken will.

L

Lächeln Das Erkennungszeichen der Turniertänzer. Daher ist ein guter Zahnarzt genauso wichtig für den Erfolg im Tanzsport wie Talent und konsequentes Training.

Lambada Modetanz für Schlangenmenschen und Voyeure. Sollte nicht am Freitag- oder Samstagabend getanzt werden, denn am Wochenende haben die meisten Heilpraktiker und Orthopäden geschlossen.

Krawatte

Langsamer Walzer — 1) Drehtanz im Dreivierteltakt, wobei der erste Taktteil stark betont ist. Der Tanz ist auch für Konditionsschwache geeignet. 2) Arbeiter eines Walzwerks im Bummelstreik.

Laser — (sprich: Leeser). Stimmungskanone in Diskotheken; Laserstrahlen durchschneiden spielend daumenstarke Titanplatten und mit etwas mehr Mühe die dicke, rauchgeschwängerte Luft unserer Tanzbunker.

Laufmasche — Katastrophe in Nylon: der Alptraum der Mini-Bekleideten; die Lieblingsmasche des Strumpffabrikanten.

Lautsprecher — Krawallkästen zur Beschallung von Autos, Wohnzimmern, Diskotheken und Konzerthallen. Auf der Tanzfläche sollte man sich immer einen Platz direkt vor den Lautsprechern sichern. Der Sound unserer Zeit muß direkt auf der Haut gespürt werden. Und keine Angst vor Gehörschäden! Das Ohr ist sowieso hoffnungslos veraltet. Die Gehörknöchelchen sind längst nicht mehr in der Lage, mit den Leistungen unserer hochgezüchteten Musikmaschinen Schritt zu halten. Wer „in" sein will, nimmt ausgeleierte Trommelfelle gern in Kauf. Schwerhörigkeit ist sexy. Die Zukunft gehört den „Laut-Sprechern".

Lautstärke — Indikator für die künstlerische Qualität eines Pop-Konzerts und die Stimmung in einer Diskothek. Die Lautstärke ist dann richtig, wenn der Sound unter Umgehung des Gehirns direkt vom Ohr in die Extremitäten donnert.

Lederhose — Arbeitskleidung des Schuhplattler-Virtuosen. Indem er mit den flachen Händen auf selbige schlägt, erzeugt er klatschende Geräusche. Am meisten Krach machen dabei die sogenannten Krachledernen.

Lautstärke

Limbo

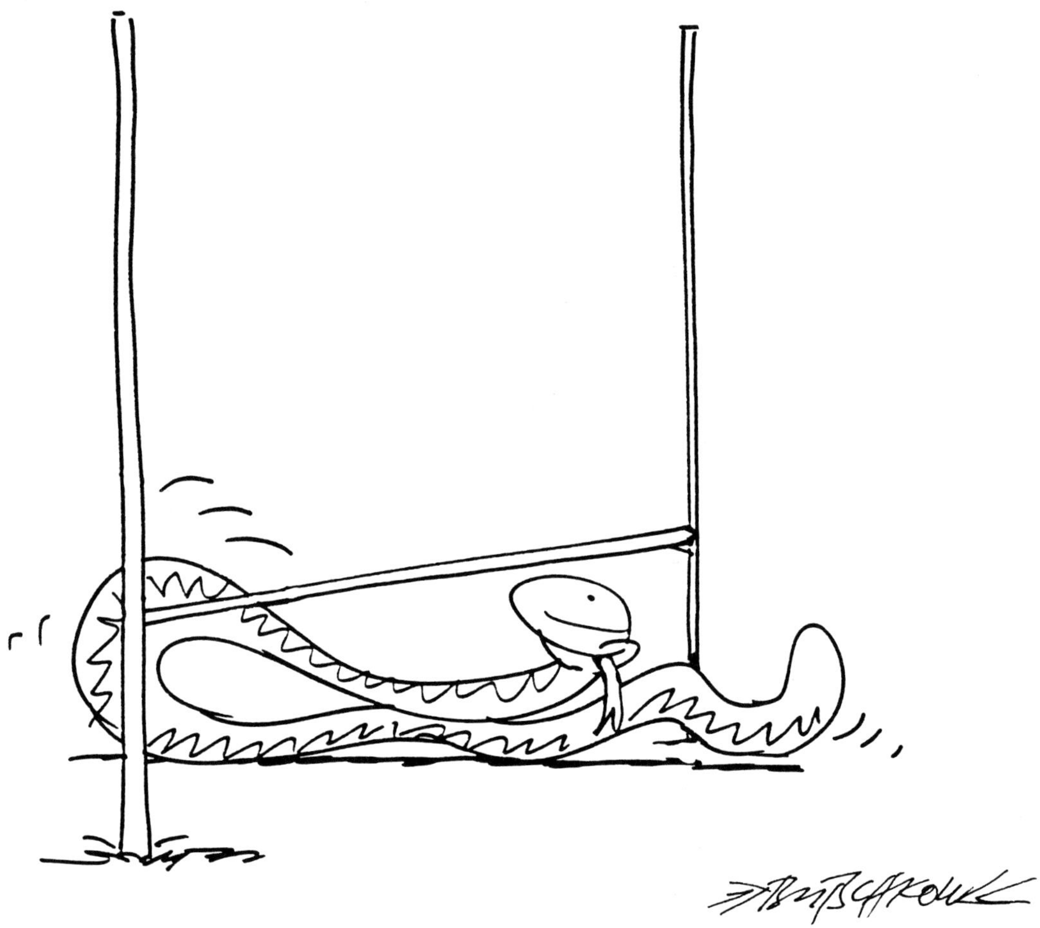

Licht

Der gemeine Tänzer (homo saltans communis) ist ein scheues Wild. Er meidet das Tageslicht und wird erst gegen Abend aktiv. Nur im beruhigenden Halbdunkel schummrig beleuchteter Nachtclubs und Disco-Höhlen wagt er es, aus sich heraus und auf Brautschau zu gehen. Männchen und Weibchen versuchen, durch starke optische Reize (Prachtkleider, beim Weibchen auch signalhafte Verfärbungen im Gesicht) und Sexuallockstoffe (z.B. von Chanel oder Lagerfeld) auf sich aufmerksam zu machen. Hat sich ein Paar gefunden, wird das Licht gänzlich überflüssig. Beim Tanzen schließen beide die Augen und schweben ins Land der Träume ...

Lift

Heben der Partnerin beim Rock'n'Roll; daher die Bezeichnung „Liftboy“ für einen sportlichen Rock'n'Roll-Tänzer. (Daß auch die Schönheitschirurgen „Liftboys“ genannt werden, hat andere Gründe.)

Lightshow

In Diskotheken bezeichnet man so die Lichteffekte, die von der Eintönigkeit der Musik ablenken sollen. Und nicht wenige kommen nur wegen der Lightshow.

Limbo

Ritueller Tanz der Insel Trinidad. Ein Kabinettstückchen des Limbo ist es, wenn der Tänzer sich, auf seinen Füßen stehend, unter einer niedrig gehaltenen Stange hindurchschiebt. Selbstverständlich darf es statt der Stange auch ein PKW sein. Limbo ist daher der ideale Tanz für Automechaniker und solche, die es noch werden wollen.

M

Marsch

Formationstanz der Bundeswehr. Die Schritte des Marsches sind denkbar einfach (rechter Fuß vor, linker Fuß vor). Tanzbekleidung (Marschausrüstung, Knobelbecher) und Musik (ein Lied, zwo-drei ...) entsprechen dem rustikalen Charakter dieses Tanzes. Der besondere Reiz des Marsches liegt darin, daß man ihn an der frischen Luft ausführt. Die Begeisterung der (vorwiegend männlichen) Tänzer geht so weit, daß sie nicht einmal durch Schneestürme und Hagelschauer zu entmutigen sind – im Gegenteil: Je mieser das Wetter, desto weiter der Marsch.

Marschwalzer

Gruppentanz, bei dem abwechselnd marschiert und gewalzt wird. Gerüchte, wonach seit der Einstellung von Frauen bei der Bundeswehr der Marschwalzer zur Ausbildung gehört, entbehren jeder Grundlage.

Maskenball

Fest mit Vermummungsgebot. Hier kann man/frau seine/ihre Kindheitsträume verwirklichen und für ein paar Stunden ausprobieren, wie es wäre, als Pirat oder Geldschrankknacker, als Freudenmädchen oder Hexe zu leben und zu lieben. Inkognito zu flirten, hat seine Reize, birgt aber auch Gefahren. Bevor Sie jemanden abschleppen, sollten Sie sich unbedingt vergewissern, ob sich hinter der Maske nicht Ihre bessere Hälfte verbirgt.

Mauerblümchen

Die Ladenhüterinnen auf dem Jahrmarkt der Eitelkeiten. Meist sind es Mädchen, deren Qualitäten tief in ihrem Innern verborgen liegen. So tief, daß man sich fragt, ob eine Probebohrung überhaupt lohnt.

Maskenball

TANZEN SIE MIT EINEM EINSAMEN HARLEKIN, SCHÖNE CLEOPATRA?
WENN DU MÖCHTEST, WALTER!

Menuett

Medley (dasselbe wie: Potpourri). Mischung aus Musiktiteln. Medleys sind potentiell endlos und zeigen auch dem durchtrainiertesten Tänzer gnadenlos seine Grenzen auf.

Menuett Schreittanz mit graziösen Bewegungen. Das Menuett war der Lieblingstanz des französischen Adels im 17. und 18. Jahrhundert. Das Menuett kam aus der Mode, als seine Tänzer einer nach dem anderen mit graziösen Bewegungen zur Guillotine hinaufschritten.

Minirock 1) Kurzer Rock'n'Roll-Titel (speziell für kurzatmige Tänzer geeignet).
2) Breiter Stoff- oder Ledergürtel, der auf der Hüfte getragen wird.

Mitzählen Das leise Mitzählen der Tanzschritte („eins-zwei-drei, eins-zwei-drei, eins-zwei-drei ... usw.") ist eine schlimme Unsitte, durch die sich der Anfänger verrät. Wer mitzählt, wirkt nicht nur etwas schwachsinnig, sondern verhält sich auch grob unhöflich gegenüber seiner Partnerin, die schließlich Anspruch auf geistreiche Konversation hat. Der erfahrene Tänzer parliert zwanglos und unterhaltsam, ohne aus dem Takt zu geraten („Wírk-lich-ein, wúnd-der-schö, nér-A-bend, fín-den-Sie, nícht-auch-Ach, ích-lie-be, és-Wal-zer, zú-tan-zen ... usw.").

Modetanz Meist aus Amerika stammender, die westliche Welt flutwellenartig überschwemmender Tanz, der gewöhnlich „out" ist, sobald man alle Schritte beherrscht, spätestens aber dann nicht mehr „in" ist, wenn die Tanzschulen ihn in ihr Programm übernommen haben.

Morgengrauen Zeit zwischen Nacht und Tag. Jetzt müssen die Vampire in den Sarg, die Nachtschwärmer nach Hause, die Füße ins Fußbad.

Muskelkater Hinterhältiges Tier, das man immer erst bemerkt, wenn es sich schon festgebissen hat – gewöhnlich am Morgen danach. Erfahrene Tänzer wissen, wie sie auch den schlimmsten Muskelkater in kurzer Zeit abschütteln können: eine Stunde Seilspringen genügt ...

N

Nachtschwärmer Großstadt-Dracula. Indiz dafür, daß der Mensch nicht vom Affen, sondern von der Fledermaus abstammt. Sobald es dunkel geworden ist, verläßt der Nachtschwärmer, von einem unwiderstehlichen Drang getrieben, sein Zuhause, um in den Bars und Diskotheken des Vergnügungsviertels nach einem Schwarm zu suchen.

Nase Bei der Dame: Körperteil, der im Laufe eines Ballabends regelmäßig gepudert werden muß. Die männliche Nase hat keinerlei Funktion – es sei denn, daß der Herr sich auf seinen Riecher verlassen muß, wenn er entscheidet, was er zu welcher Musik tanzen will.

Nato-Einheitsschritt Tanzschritt, der zu jeder Musik paßt. Wie aus gewöhnlich gut unterrichteter Quelle verlautet, soll im Warschauer Pakt der gleiche Einheitsschritt praktiziert werden.

Nichts Das, was alle Frauen anzuziehen haben, wenn ein festlicher Ball bevorsteht.

Nato-Einheitsschritt

Partnerwechsel

O/P

Ohrwurm	Musiktitel, den man immer wieder hören will – so lange, bis man ihn nicht mehr hören kann.
Parkett	Wenn dem Esel zu wohl ist, geht er aufs Eis; wenn dem Menschen zu wohl ist, geht er aufs Parkett. Das Parkett ist die Kampfbahn der Turniertänzer, der Exerzierplatz der Tanzschüler, das Nirwana der Putzfrau.
Partnerwechsel	Euphemistische Umschreibung für Partnertausch auf der Tanzfläche. Das Erschütternde ist: Nicht nur Erwachsene in Nachtklubs und Diskotheken wechseln schamlos die Tanzpartner – nein, selbst in unseren äußerlich so biederen Tanzschulen werden unschuldige Mädchen und Jungen bedenkenlos zu offener Promiskuität ermuntert. Ein ungeheuerlicher Skandal!
Paso doble	Der Tanz der Stierkämpfer. Der Herr stellt hier einen mutigen Torero dar, seine Partnerin ist für ihn ein rotes Tuch. Als Stiere fungieren die anderen Tanzpaare. Sie werden jedoch in der Regel nicht getötet, sondern nur an die Wand getanzt.
Petticoat	Weiter, gesteifter Unterrock; ein „must" für die echte Rock-Tänzerin.
Pfennigabsätze	Geheimwaffen der Frau. Die Wirkung von Pfennigabsätzen ist besonders „eindrucksvoll", wenn sie mit Schwung auf nagelneuen Lackschuhen landen.
Pflichttanz	Tanz, zu dem man aus Höflichkeitsgründen verpflichtet ist. Die Benimmregeln verlangen, daß man mit allen Damen, die

am gleichen Tisch sitzen, mindestens einmal tanzt, außerdem mit der Frau des Chefs, mit der Schwiegermutter, mit der Erbtante usw. Damit bei diesen Damen nicht das Gefühl aufkommt, man habe nur aus Höflichkeit mit ihnen getanzt, sollte man möglichst den ganzen Abend mit ihnen tanzen. Man tanzt schließlich nicht zum Vergnügen. Und die eigene Ehefrau bzw. Freundin ist sowieso anderweitig beschäftigt: Sie wird dauernd von Männern aufgefordert, die ebenfalls ihre Pflichttänze absolvieren müssen.

Phantommusik Musik, die man noch lange nach dem Verlassen des Ballsaals bzw. der Diskothek im Ohr hat. Sie begleitet den Nachtschwärmer nach Hause, läßt ihn beschwingt ins Bett sinken und versorgt seine Träume mit einem rauschenden Soundtrack. Wer das melodische Zirpen auch noch am Morgen danach hört, sollte dringend seinen HNO-Arzt konsultieren: Möglicherweise hat sich eine Grille in seinem Gehörgang verkrochen.

Platte 1) Fliegenlandeplatz auf dem männlichen Kopf.
2) Schwarze, in der Mitte gelochte Scheibe, in deren Rillen Musik gespeichert ist. Als Frisbee-Ersatz ideales Spielzeug für Kinder im Vorschulalter. Früher wurde nach Platten getanzt. Der Hifi-Freak von heute findet Platten „beknackt“ und schwört auf den lupenreinen Klang der CD.

Platz 1) Auf der Tanzfläche meist nicht vorhanden. Der Kämpfer stürzt sich mitten ins Getümmel, erobert durch Fußtritte und Ellenbogenchecks einen Quadratmeter, den er dann mit Klauen und Zähnen für sich und seine Partnerin verteidigt – solange, bis ein Stärkerer kommt. Der Ängstliche verliert in der Brandung der wirbelnden Leiber zuerst die Nerven, dann die Partnerin, zuletzt auch noch seine Kontaktlinsen – und wird irgendwann

Phantommusik

Polterabend

als menschliches Wrack an den Rand der Tanzfläche gespült. Der Clevere macht aus der Not eine Tugend, geht mit seiner Partnerin in den Clinch und tanzt den Ölsardinenblues.
2) Aufforderung an einen Hund, zu explodieren.

Polka (wörtlich: die Hälfte). 1) Temperamentvoller Tanz, der angeblich 1830 von dem böhmischen Bauernmädchen Anna Slezak erfunden wurde;
2) Das einzige, was bleibt, wenn die Polka-ppen abschmelzen.

Polonaise Geschrittener Tanz, mit dem so mancher Ball beginnt. Die Paare bilden eine Schlange und schreiten hintereinander her, aneinander vorbei oder untereinander durch. Bei dieser Prozession durch den Saal bekommt man alle Anwesenden einmal zu Gesicht. Man kann sich merken, wem man in den nächsten Stunden unbedingt aus dem Weg gehen muß. Sollte ein Gläubiger unter den Gästen sein, kann man den Ball jetzt noch problemlos verlassen.

Polterabend Vorfeier einer Hochzeit. Sinn des Polterabends ist nicht nur das exzessive Essen, Trinken und Tanzen; das Brautpaar soll hier auch lernen, wie man ohne Hemmungen Porzellan zerschmettert – eine ideale Vorbereitung auf künftige Ehekriege.

Presseball Hier trifft sich alles, was Geld, Rang und Namen hat, mit allem, was unbedingt Geld, Rang und Namen haben möchte.

Professional (sprich: Profeschenell). Ein Mensch, der seine Brötchen mit Tanzen verdient. Die Behauptung, daß bei der Schöpfung des Sprichwortes „Was man nicht im Kopf hat, muß man in den Beinen haben“ ein Profitänzer Pate gestanden haben soll, ist eine bösartige Unterstellung, wahrscheinlich von einem neidischen Tanzmuffel verbreitet …

Promillegrenze

Unsichtbare Demarkationslinie, die quer über die ganze Erde verläuft. Diesseits davon ist die Welt nüchtern, trist und kalt. Jenseits davon liegt ein Land, in dem Frohsinn und Geselligkeit zu Hause sind. Doch leider hausen dort auch gemeine grüne Monster. Diese tauchen immer dann auf, wenn man es am wenigsten erwartet. Sie zwingen Opfer, in ein Röhrchen zu blasen, und weigern sich beharrlich, zu glauben, daß das, was man auf der weißen Linie ausführt, die Schritte des neuesten Modetanzes sind.

Pubertät

Das Alter, in dem der Mensch noch keine Erfahrungen, aber dafür jede Menge Hemmungen hat; um letztere zu verlieren und erstere zu sammeln, besucht er eine Tanzschule. Hier lernt er, in geziemender Weise Hand ans andere Geschlecht zu legen und sich dabei weder durch eigene noch durch fremde Fehltritte aus der Fassung bringen zu lassen. Hier wird er zum ersten Mal hautnah und knallhart mit den Realitäten des Lebens konfrontiert: daß die hübschen Girls bzw. Boys immer schon vergeben sind; daß die unverschämtesten Typen und die affektiertesten Torten den größten Erfolg haben; daß kein noch so gediegener Charakter zwei linke Füße aufwiegt. Hier verliebt er sich, wenn er Glück hat, zum ersten Mal unsterblich, und wenn er es geschafft hat, seine Angebetete zum Abtanzball einzuladen, und wenn sie ihm zu seiner großen Verblüffung keinen Korb gibt, dann ist er im siebten Himmel, und die Decke des Tanzschulensaals hängt voller Geigen.

Pumpenschwengel

Viele Tänzer scheinen den rechten Arm ihrer Partnerin mit einem Pumpenschwengel zu verwechseln. Grund für diese Pumpbewegung ist vermutlich, daß der Herr die betreffende Dame – bewußt oder unbewußt – „anzupumpen“ wünscht.

Pubertät

Reißverschluß

Pumps (sprich: Pömms). Sektschale in Form eines hochhackigen Damenschuhs. Zur Not kann man in Pumps auch tanzen.

Puppe 1) Bei den Insekten: Stadium zwischen Made und Vollkerf.
2) Beim Menschen: Stadium zwischen Mädchen und Vollweib. Zur „Entpuppung" kommt es häufig im Laufe einer rauschenden Ballnacht.

Q

Quickstep Foxtrott für alle, die noch schnell einen Tanz hinlegen wollen, bevor die letzte U-Bahn fährt.

R

Raumaufteilung Beim Tanzen die Kunst, immer gerade dort zu sein, wo die anderen nicht sind.

Reißverschluß Verschluß, der immer dann klemmt, wenn man es besonders eilig hat – gleichgültig, ob er sich nun vorn an einer Hose befindet oder hinten an einem Kleid. Der Reißverschluß auf dem Rücken der Dame ist eine wichtige Orientierungslinie für den Tänzer. Bis hierhin darf er die Fingerspitzen seiner rechten Hand beim Führen vorschieben – alles, was darüber hinausginge, wäre bereits eine Umarmung.

Repertoire	Die Bandbreite einer Band; wenn das Repertoire durchgespielt ist, sagt der Bandleader mit rauchiger Stimme: „Wir wünschen Ihnen noch einen schönen Abend.“ Dann geht das Licht an, und der Herr muß nun zeigen, was **er** noch so alles in **seinem** Repertoire hat.
Rhythmus	Das Ding, wo jeder mit muß.
Ringelpietz	Anspruchsloses Tanzvergnügen.
Ringelpietz mit Anfassen	Anspruchsloses Tanzvergnügen, das mittelfristig zu Unterhaltungsansprüchen führen kann.
Rock'n'Roll	Modetanz der fünfziger Jahre. Der Rock'n'Roll mit seinen akrobatischen Einlagen ist der ideale Tanz für alle, die sich zu flotter Musik und in jugendlich-sportlicher Atmosphäre das Genick brechen wollen.
Rückennummer	Bei Tanzturnieren wird mit harten Bandagen gekämpft. Bisweilen kommt es gar zu mutwilligen Karambolagen auf dem Parkett. Damit die Schuldigen zweifelsfrei identifiziert werden können, müssen die Herren Rückennummern tragen. Diese entsprechen also in ihrer Funktion den KFZ-Kennzeichen.
Rückfaller	Rock'n'Roll-Tanzfigur, bei der sich die Dame rückwärts in die auffangbereiten Arme des Herrn fallen läßt. Wer testen will, ob seine Partnerin Sinn für Humor hat, tritt im entscheidenden Augenblick einen Schritt zurück.
Rütmuß	Verbreitete Schreibweise für: Rhythmus.

Rückennummer

Salome

Rumba Der langsamste lateinamerikanische Tanz. Während sich unten die Füße im sanften Rumbarhythmus bewegen und in der Mitte verträumt die Hüften kreisen, kann man oben in Ruhe rumbalzen. Dazu schaut man der Partnerin/dem Partner fest in die Augen, um sie/ihn am Einschlafen zu hindern.

S

Saal Raum, in dem zweihundert Personen gemütlich sitzen, fünfhundert Personen gedrängt stehen und neunhundert Personen ausgelassen schwofen können.

Salome Biblische Prinzessin, die so hinreißend verrucht tanzte, daß erst ihr Vater Herodes, dann Johannes der Täufer den Kopf verlor. Seitdem ist Salome die Schutzheilige der Striptease-Tänzerinnen.

Samba Musikalische Begleitung des Naturschauspiels „Carneval do Brasil". Die Girls von Ipanema haben den Rhythmus bereits mit der Muttermilch eingesogen, und wenn ihre kaffeebraunen Körper zu den Trommeln des Karnevals durch die Straßen von Rio zucken, fließt ihnen die Samba aus allen Poren.
Der mitteleuropäische Sambaschüler wackelt verzweifelt mit dem Steiß und hüpft herum wie ein vom Schluckauf geplagtes Känguruh, um es den Tanzkünstlern von der Copacabana gleichzutun – doch alles, was bei ihm fließt, ist der saure Schweiß vergeblicher Anstrengung. Dann tröstet ihn der Gedanke, daß das Gehüpfe wenigstens eine ideale Vorbereitung auf die kommende Ski-Saison ist.

Schritt

IMMER DEN SPUREN NACH – UND SCHON TANZEN SIE FOXTROTT!
BUTSCHKOW

Schlitz im Kleid	Ursprünglich eine Vorrichtung, die der Dame (z.B. beim Tango) größere Schritte erlauben sollte. Darüber hinaus macht der Schlitz deutlich, daß das weibliche Bein nicht am Rocksaum endet.
Schieber	Der Tanz, den Max raushat.
Schmuck	Der schönste Schmuck einer Frau ist ihre Tugend. Die wichtigste Tugend des Mannes äußert sich in dem Schmuck, den er verschenkt. Galabälle sind eine immer wieder willkommene Gelegenheit, die allseitige Tugendhaftigkeit zu demonstrieren.
Schneewalzer	Beliebter Wiener Walzer mit interessantem historischen Hintergrund: Vor der Erfindung des Schneepflugs benutzte man in Wien die Damen zum Schneefegen. Die Wienerinnen in ihren langen, schweren Röcken wirbelten, im $3/4$-Takt herumgewirbelt, im Nu Straßen und Bürgersteige frei. Ach ja, die gute alte Zeit ...
Schritt	1) Grundelement des Tanzens. Der Schritt entsteht dadurch, daß man einen Fuß vor, hinter oder neben den anderen setzt. Was dem Laien so kinderleicht erscheint, ist in Wirklichkeit eine Kunst. Der einfache Vorwärtsschritt z.B. gliedert sich (nach den Ausbildungsrichtlinien des ADTV) in sechs verschiedene Bewegungsphasen: a) Ausgangsstellung: Der Körper steht in aufrechter Position. Das Gewicht ruht auf einem Fuß (Standbein), der andere Fuß (Schreitbein) ist unbelastet geschlossen. b) Bewegungsbeginn: Verlagern des Schwerpunktes über den Standbeinfußballen hinaus und gleichzeitiges kontrolliertes Abdrücken des Körpers durch das Standbeinfußgelenk.

c) Bewegungsfortsetzung: Vorwärtsschwingen des Schreitbeins aus der Hüfte mit gelockertem Knie. Die Standbeinferse löst sich vom Boden. Vorwärtsschwingen des Unterschenkels, Knie strecken, nicht durchdrücken, gleichzeitige Fortsetzung der Vorwärtsbewegung des Körpers.
d) Bewegungsmitte (größte Schrittausdehnung): Aufsetzen des Schreitbeinfußes auf der Ferse, Gewicht verteilt zwischen Ferse des vorderen und Ballen des hinteren Fußes, Knie gestreckt.
e) Bewegungsfortsetzung: Allmähliches vollständiges Übertragen des Gewichtes auf den vorderen Fuß, Absenken auf den flachen Fuß, Lockern des Standbeinknies.
f) Bewegungsende: Vollständiges Gewicht auf dem neuen Standbein (Grundstellung), das neue Schreitbein ist ohne Gewicht geschlossen.
(Vorsicht! Wer sich bemüht, streng nach diesen Anweisungen „vorzugehen", muß am Morgen mindestens eine Stunde früher aufstehen, um noch pünktlich ins Büro zu kommen.)
„Schritt" nennt man auch die Stelle, wo die Hosennaht beim Kasatschok zu platzen pflegt.

Schützenfest

Vorwand für Schützenbrüder, Zielwasser zu trinken. Dabei schießen sie gewöhnlich übers Ziel hinaus. Der anschließende Tanz wird deshalb häufig ein Schuß in den Ofen.

Schuhplattler

Alpenländischer Volkstanz, den man automatisch ausführt, wenn es einem gelungen ist, das Interesse eines Wespenschwarms zu erregen.

Schulterfrei

Das schulterfreie Kleid erlaubt es der Dame, die kalte Schulter zu zeigen, ohne abweisend zu wirken. Doch solche Textilknappheit birgt Gefahren, die frau nicht auf die leichte Schulter nehmen sollte: von Schulterfrei zu Oben ohne ist es nur ein kleiner Hüpfer.

Schulterfrei
ICH GEHE ZUM TANZEN!
AUF DEM VULKAN?

Seiltanz

Schwalbenschwanz	Frackschoß. Eine Schwalbe macht noch keinen Sommer, ein Schwalbenschwanz noch keinen Turniertänzer.
Schwerpunkt	Ein niedriger Schwerpunkt sorgt beim Auto für eine gute Straßenlage, beim Tänzer für die optimale Parkettlage. Deshalb sollte man beim Tanzen immer etwas in die Knie gehen. Das gibt den richtigen Kurvenschwung und sieht auch noch sportlich aus. (Nicht bewährt dagegen haben sich seitliche Schürzen und Frackspoiler.)
Schwertertanz	Schautanz, der von Schwerter schwingenden Männern ausgeführt wird. Beim Schwertertanz kommt es darauf an, möglichst wild mit den scharfen Waffen herumzufuchteln, ohne sich dabei die Beine oder andere lebenswichtige Glieder zu amputieren.
Schwung	Physikalisch: Kraft, die einem bewegten Körper innewohnt. So gesehen ist Tanzen Kraftsport.
Seiltanz	Der ideale Tanz für Anfänger: die Balancierstange ist leicht zu führen und verlangt keine Konversation, man hat die ganze Tanzfläche für sich, und ein Fehltritt ist hier keine Schande, wenn auch manchmal tödlich.
Sektbar	Intimer Nebenraum des Festsaals. Hier hat man die Gelegenheit, Komplimente, tiefe Blicke und Telefonnummern auszutauschen, während man Schaumwein aus gläsernen Fingerhüten nippt, und das zu gesalzenen Preisen. Wer hier zuviel schluckt, ist bald ein armer Schlucker.
Sidestep	Seitensprung, den man auch mit der eigenen Frau begehen kann.

Silvester-Ball	Hier darf nicht nur getanzt, sondern auch geballert werden.
Single-Ball	Tanzveranstaltung, zu der man als Single geht, um sie als LP zu verlassen (LP = Liebespaar).
Sirtaki	Griechischer Volkstanz. Jeder, der vergeblich „das Land der Griechen mit der Seele sucht“, kann es – Sirtaki tanzend – mit den Füßen finden. Vorausgesetzt, er hat nicht zuviel Bifteki im Bauch.
Skating-System	Das Wertungssystem beim Turniertanz; die Wertung erfolgt über die Vergabe von Platzziffern – genauso wie beim Eiskunstlauf; die Einschätzung durch die Wertungsrichter ist in jedem Fall objektiv und gerecht – genauso wie beim Eiskunstlauf.
Slowfox	1) Die geruhsame Version des Foxtrott. 2) Name eines fußkranken Indianers („der langsame Fuchs“).
small talk	(sprich: Smorl Tork). Was man sagt, wenn man nicht weiß, was man sagen soll.
Smoking	Abendanzug für Raucher. Nichtraucher bevorzugen den No-Smoking.
Sockenhalter	Die (klägliche) Antwort des männlichen Geschlechts auf den Büstenhalter.
Spaghettiträger	1) Seidener Faden, an dem das Abendkleid hängt und der somit eine große Verantwortung trägt. 2) Kellner in einem italienischen Restaurant.

Small talk

ICH SITZE JEDEN MITTAG AUF DIESER BANK!
HOCH-INTERESSANT!
BUTSCHKOW

Spencer	Kastrierter Frack.
Spendierhosen	Kleidungsstück, mit dem man sich (z.B. im Nachtclub) viele Freunde und noch mehr Freundinnen macht. Doch wer die Spendierhosen zu lange trägt, darf sich nicht wundern, wenn er plötzlich ganz ohne Hosen dasteht. Woraufhin die vielen Freunde und Freundinnen sich taktvoll zurückziehen.
Spiegel	Unverzichtbarer Bestandteil eines jeden Tanzschulensaals. Er erlaubt dem Tänzer erstens, seine Bewegungen zu kontrollieren und gegebenenfalls zu korrigieren, und zweitens, zu begutachten, wie seine Partnerin von hinten aussieht. Auch in den meisten Tanzlokalen gibt es Spiegel, hier allerdings in kleine Mosaiksteine zerbrochen und auf eine Kugel geklebt. Die Kugel dreht sich über der Tanzfläche und blendet die Tänzer.
Spotturn	Drehung auf der Stelle. Läßt sich gut an eine Promenade anschließen. Merke: Wer Promenaden hat, braucht für den Spotturn nicht zu sorgen.
Sprichwörter	Der Tanz ist in der deutschen Spruchweisheit allgegenwärtig. Hier nur einige Beispiele: Man soll den Ball nicht vor dem letzten Walzer loben. Reden ist Silber, Tanzen ist Gold. Samba am Morgen vertreibt Kummer und Sorgen. Es ist noch kein Professional vom Himmel gefallen.
Square Dance	Nordamerikanischer Volkstanz, zu dem die Tänzer sich im Karree aufstellen. Auf bestimmte Kommandos hin treten sie vor und führen die entsprechenden Figuren aus. Wahr ist, daß der-

Spiegel

Steptanz

jenige, der die Kommandos gibt, „Caller“ (Aufrufer) genannt wird. Unwahr ist dagegen, daß es sich bei den Tänzerinnen ausnahmslos um Callgirls handelt.

Stand

Ausgangsstellung und – wenn alles gut gegangen ist – Endstellung der meisten Tänze.

Standardtänze

Langsamer Walzer, Tango, Slowfox, Wiener Walzer, Quickstep – also die Tänze, bei denen der Turniertänzer Fracksausen bekommt.

Startschritt

Eine Standardfrage – nicht nur bei den Standardtänzen – lautet: Mit dem rechten Fuß anfangen oder mit dem linken? Für die Dame ist diese Frage relativ einfach zu beantworten: Der Fuß, der nachher wehtut, wäre der richtige gewesen. Aber die Einsicht kommt zu spät.

Stehblues

Tanz für Minimalisten; es kommt hier nur darauf an, daß man sich fest an den Partner/die Partnerin klammert und das Gewicht ab und zu von einem auf den anderen Fuß verlagert. Der Stehblues läßt sich auch, wenn es denn sein muß, in einer überfüllten U-Bahn tanzen.

Steptanz

Tanz, dessen Rhythmus durch Betonungswechsel von Hacken-, Sohlen- und Spitzenschlag gebildet wird. Das klingt dann wie ein Specht, der stottert.

Stop and Go

Tanzfigur, die sich besonders auf bundesdeutschen Autobahnen an Weihnachten, Ostern und Pfingsten und von Ende Juni bis Anfang September wachsender Beliebtheit erfreut.

Täschchen
ACH? SIE SCHLEPPEN IHRE MÖBEL MIT?

T

Täschchen

Zugleich Schmuckstück und tragbare Drogerie. Das Täschchen ist die treueste Freundin einer Frau. Es begleitet sie überallhin, auch auf die Tanzfläche. Man sagt, eine Frau ohne Mann sei wie ein Fisch ohne Fahrrad. Das mag stimmen. Sicher aber ist: Eine Frau ohne Täschchen, das muß ein flüchtiger Schwerverbrecher sein, der sich als Frau verkleidet hat.

Taille

Körpermitte, gewöhnlich durch den Bauchnabel gekennzeichnet. Man unterscheidet zwischen konvexen Taillen („Wespentaille") und konkaven Taillen („Faßtaille"). Die Faßtaille kann durch einen Fettwulst, den sogenannten „Rettungsring", verstärkt sein. Beim Tanzen kann es problematisch werden, wenn beide, Herr und Dame, mit einer ausgeprägten Faßtaille gesegnet sind. In solchen Fällen empfiehlt es sich, Rücken an Rücken zu tanzen.

Takt

Sollte die Dame zeigen, wenn der Herr aus demselben gerät – und umgekehrt.

Taktik

Die Kunst, eine Kampfgruppe (Tanzpaar) auf dem Gefechtsfeld (Parkett) zu führen. Im Ballsaal sollte es das taktische Ziel sein, Feindberührung möglichst zu vermeiden.

Tango

Gesellschaftstanz, der um die Jahrhundertwende über Argentinien nach Europa kam. Der Papst fand den Tango skandalös und setzte ihn auf den Index, doch Europas Damen war's egal: sie machten sich 'nen Schlitz ins Kleid und fanden's wunderbar. Der spanische Paso Doble ist bekanntlich eine pantomimische Herausforderung des Stierkämpfers an den Stier (wobei die

Dame als rotes Tuch fungiert). Weniger bekannt dürfte sein, daß auch der Tango seinen Ursprung im Spannungsfeld zwischen Mensch und Rindvieh hat. Es spricht vieles dafür, daß der Tango in seiner heutigen Form von den Gauchos, den argentinischen Viehhirten, geprägt wurde, die sich tanzender Weise die langen Nächte in der Pampa vertrieben und sich dabei von ihren Rindern inspirieren ließen. Nicht umsonst entsprechen dem Tango-Rhythmus (lang-lang – kurz, kurz, lang – kurz, kurz, lang) im Morsealphabet die Buchstaben „M-U-U".

Tanz der Vampire Transsylvanischer Volkstanz; nicht zu empfehlen bei Blutarmut und Nervenschwäche, denn nach diesem Tanz geht so mancher auf dem Zahnfleisch.

Tanz in den Mai Tummelplatz für Frühlingsgefühle. Wer jetzt nicht aus dem Winterschlaf erwacht, verpennt die schönste Nacht des Jahres.

Tanzband Kunststoffband mit Plakette, das von den Tänzern beim Einlaß erworben und offen an der Tanzkleidung getragen wird. So kann jeder sehen, wer Eintritt bezahlt hat – und wer nicht. Das Tanzband läßt sich, einmal geschlossen, nur unter großen Schwierigkeiten wieder lösen – daher ist es auch ein Symbol für die Ehe.

Tanzbein Körperteil, der praktisch nur zum Schwingen taugt.

Tanzen Die Kunst, einander im Takt auf die Füße zu treten, ohne betreten zu schauen.

Tanzkleidung, männlich Der Anzug (bzw. Smoking oder Frack) des Herrn ist phantasievoll wie ein Ziegelstein, bequem wie eine Ritterrüstung und luf-

Tanz der Vampire

Tanzmaus

tig wie eine Sauna-Kabine. Aber er ist – anders als das Tanzkleid der Dame – wiederverwendbar und daher umweltfreundlich.

Tanzkleidung, weiblich

Das Kleid der Dame sollte federleicht, einmalig schön und sündhaft teuer sein:
federleicht aus Bequemlichkeitsgründen;
einmalig schön, damit die Freundinnen vor Neid zerplatzen;
und sündhaft teuer, weil man sonst im Second-Hand-Shop nichts mehr dafür bekommt.

Tanzlehrer

In der Regel jemand, der sein Hobby zum Beruf gemacht hat. Doch nicht jedes Steckenpferd taugt auch als Ackergaul ...

Tanzmaus

1) Zuchtform der wilden Baktrischen Maus (mus musculus baktrianus), die infolge von Veränderungen des Ohrinnern häufig im Kreis läuft und sich auf der Stelle dreht; besonders in Japan beliebt.
2) tanzbegeistertes Mädchen; nicht nur in Japan beliebt.

Tanznadel

Während der Anfänger sich auf der Tanzfläche mühevoll mit Ellbogenchecks Platz zu schaffen versucht, greift der Fortgeschrittene zur unauffälligen Stichwaffe. Bewährt hat sich hier die Tanznadel aus Edelmetall (wahlweise Bronze, Silber oder Gold). Wenn Sie die Tanznadel geschickt einsetzen, wagt sich bald niemand mehr in Ihre Nähe. Die Tanznadel ist nicht waffenscheinpflichtig, sie wird allerdings erst nach sehr strenger Prüfung durch den ADTV vergeben.

Tanzpause

Zeit, um mit Freund(inn)en die Vorzüge und Mängel der jeweils letzten Tanzpartner(innen) zu erörtern; daher der interessanteste Teil einer jeden Tanzveranstaltung.

Tanzphilosophie

Fast alle namhaften Philosophen haben sich irgendwann einmal mit dem Phänomen Tanz auseinandergesetzt. Hier eine Auswahl von Zitaten:
„Der Tanz ist der Vater aller Dinge." (Heraklit)
„Die Welt kann nicht vom Elend erlöst werden, solange nicht entweder die Philosophen tanzen lernen oder die Tänzer sich dem Studium der Philosophie widmen." (Platon)
„Ich tanze, also bin ich." (Descartes)
„Die Philosophen haben die Welt nur verschieden interpretiert, es kömmt aber darauf an, sie zu durchtanzen." (Marx)
„Wenn du zum Weibe gehst, vergiß das Tanzen nicht!" (Nietzsche).

Tanzplatz

Als Tanzplatz ist praktisch jede Fläche geeignet. Getanzt werden darf nicht nur in Saal und Disco, sondern auch auf der Straße (möglichst in einer verkehrsberuhigten Zone oder auf einem Zebrastreifen), auf dem Tisch (der möglichst standfest und resopalbeschichtet sein sollte), ja sogar auf dem Vulkan (möglichst nicht gerade während eines Ausbruches; Aschenregen und umherfliegende Gesteinsbrocken beeinträchtigen das Vergnügen nicht unerheblich).

Tanzrichtung

In einem Ballsaal wird normalerweise gegen den Uhrzeigersinn getanzt. In jüngster Zeit scheinen sich allerdings immer mehr Leute nach ihren Digitaluhren zu richten.

Tanzschüler(in)

Wesen mit feuchtkalten Händen, zwei linken Beinen und ständig auf die eigenen Füße gerichtetem Blick.

Tanzschule

Der Ernst des Lebens. Die allgemeinbildenden Schulen sind dagegen ein Kinderspiel. Wer keinen Schimmer von Englisch

Tanzplatz

Tanzstunde

oder Geometrie hat, kann immer noch abschreiben. Wer jedoch beim Tango über seine eigenen Füße stolpert, der ist rettungslos verloren. Seine Karriere als Frauenheld kann er somit abschreiben.

Tanzstunde

Unterrichtseinheit in der Tanzschule; die Tanzstunde dauert auf der Uhr 90 Minuten, dem Tanzbegeisterten vergeht sie stets wie im Fluge, dem Tanzmuffel kommt sie wie eine Ewigkeit vor. (Bekanntlich kam Albert Einstein während einer Tanzstunde auf die allgemeine Relativitätstheorie – und als er wieder einmal über seine eigenen Füße gestolpert war, verbesserte er schnell die Quantentheorie.)

Tanztee

Tanzveranstaltung zur nachmittäglichen Teezeit. Welchen Tee man bei dieser Gelegenheit bevorzugt, ist Geschmackssache. Für Tänzer mit empfindlichen Füßen sollte auf jeden Fall immer eine Kanne Blasentee bereitstehen.

Tap

(sprich: Tepp). Schritt ohne Gewicht. Ein richtiger Tap hat gerade genug Schwere, um aus einer Schnecke einen Fleck zu machen.

Tarantella

Neapolitanischer Volkstanz. Die Tarantella soll angeblich den Biß der Tarantel, einer giftigen Wolfsspinne, heilen. Unbestätigten Gerüchten zufolge wurde dieser temperamentvolle Tanz von jemandem erfunden, dem ein Freund eine Tarantel hinten ins Hemd gesteckt hatte.

Taschentuch

Wenn der Boxer k.o. ist, wirft sein Trainer das Handtuch. Der Durchschnitts-Tänzer hat weder Handtuch noch Trainer. Deshalb zieht er, wenn er mit seinen Kräften am Ende ist, sein Taschentuch, um sich damit demonstrativ Stirn und Hals abzuwischen. Das Taschentuch sollte weiß sein: Weiß ist die Farbe der Kapitulation.

Tempo

Mancher Tanz gleicht einem Verfolgungsrennen, bei dem die Tänzer verzweifelt hinter der Musik herhecheln. Dabei gibt es keinerlei Tempolimit – bis einem die Zunge so weit heraushängt, daß man drauftritt.

Terpsichore

Die griechische Muse der Tanzkunst. Manche Leute tanzen allerdings, als seien sie nicht von der Muse geküßt, sondern vom wilden Affen gebissen.

Tiertänze

Modetänze, in denen typische Bewegungen bestimmter Tiere imitiert werden. Bekannte Tiertänze waren z.B. Bullfrog Hop, Camel Walk oder Kangaroo Dip, in Deutschland der Bärentanz, der Truthahngalopp oder – in jüngerer Zeit – der Ententanz. Was Tiertänze immer wieder so erfolgreich macht, ist sicherlich die Tatsache, daß der Mensch sich hier nicht mehr verstellen muß. Er kann die Zivilisationsmaske fallen lassen und zeigen, was er in seinem Innersten immer noch ist: ein tapsiger Bär, eine mit dem Bürzel wackelnde Ente oder schlicht und einfach ein Kamel.

Tisch

Möbel, das auf seinen drei oder vier Beinen am Rande der Tanzfläche herumsteht. Der Tisch hat eine horizontale Platte, die mehr oder weniger mit Flaschen und Gläsern bedeckt ist. An den Flaschen und Gläsern halten sich die Leute fest, die um den Tisch herum sitzen. Je leerer die Flaschen, desto lustiger die Leute.

Treten

Leider gibt es immer wieder Tänzer, die es für ein Zeichen von Männlichkeit halten, ihrer Partnerin möglichst häufig auf die Füße zu treten. Die Dame sollte sofort und unmißverständlich zu verstehen geben, daß sie derartige Annäherungsversuche nicht schätzt, z.B. durch den empörten Ausruf: „Ich glaub', mich tritt ein Pferd!"

Treten

MEIN GOTT, TANZEN SIE TRAUMHAFT! ICH SPÜRE FÖRMLICH, WIE MIR DER BODEN UNTER MEINEN FÜSSEN WEICH WIRD!
BUTSCHKOW

Verschlafen

V

Verschlafen

Am Montagmorgen nach drei heißen Disko-Nächten genau der richtige Start in die neue Woche. Den aufgebrachten Chef entwaffnet man durch eine lässig hingeworfene Volksweisheit: „Wer schläft, sündigt nicht". Sollte er sich dennoch weiter aufregen, nur keine Panik: Wer kläfft, der kündigt nicht.

Volkstänze

Neben den Gesellschafts- und Modetänzen die dritte große Gruppe von Tänzen. Volkstänze werden zu Volksmusik getanzt. Die Tänzer tragen dabei traditionelle Volkstrachten. Volkstanzkreise bilden somit ein Bollwerk gegen Verjeansung und Beat-Barbarei.

W

Waden

Bevorzugtes Jagdrevier des Muskelkaters (besonders nach der ersten Stunde im Samba-Kurs).

Walkman

(sprich: woogmän, zu deutsch: Spaziergangsmann). Japanische Erfindung, die den Tänzer unabhängig von Band und Diskjokkey macht. Der Kavalier besorgt für seine Partnerin ein zweites Paar Kopfhörer.

Walzerseligkeit

Zustand akuten Realitätsverlustes nach dem Genuß von zu vielen Drehungen im Dreivierteltakt. Opfer der Walzerseligkeit werden vor allem Frauen. Die Walzerselige bildet sich ein, sie selbst sei schwerelos, das Leben sorglos, die Nacht endlos.

Wanderpokal Trinkgefäß ohne festen Wohnsitz, das jedoch von allen Turniertänzern gern beherbergt wird.

Welttanzprogramm (WTP) Die international geltenden Rahmenrichtlinien der Tanzschulen; verantwortlich dafür, daß man von Hintertupfingen bis Honolulu, von New York bis Neustadt a. Rübenberge die gleichen Schritte lernen kann. Tanzen ist daher nicht nur ein Vergnügen, sondern auch ein Beitrag zur Völkerverständigung.
WTP ist außerdem die Abkürzung für:
a) Welt-Tanz-Professor (siehe: Goldstar),
b) „Wer tanzt, profitiert", das Motto der Gigoloinnung.

Z

Zeichensprache In Diskotheken oft die einzige Methode, sich zu verständigen. Ein Manko der Zeichensprache ist ihre Vieldeutigkeit. Wenn der Herr die Hand aufs Herz legt und dazu lächelt, so kann das dreierlei heißen:
a) Ich liebe Sie. Wollen Sie meine Frau werden?
b) Ich habe gerade einen Herzinfarkt, aber lassen Sie sich davon nicht stören. Diesen Tanz werde ich schon noch schaffen.
c) Mein Brusttoupet ist verrutscht.

Zentrifugalkraft Kraft, die das Tanzpaar mitten in der schönsten Walzerdrehung auseinanderreißt. Die Dame verläßt daraufhin die Tanzfläche im freien Flug und vollführt eine Bruchlandung zwischen den Tischen.

ISBN 3–8231–0135–8

ISBN 3–8231–0543–4

ISBN 3–8231–0126–9

ISBN 3–8231–0166–8

ISBN 3–8231–0139–0

ISBN 3–8231–0116–1

ISBN 3–8231–0173–0

ISBN 3–8231–0105–6

ISBN 3–8231–0138–2

ISBN 3–8231–0136–6

Fröh·li·che Wör·ter·bü·cher von A bis Z

ISBN 3–8231–0159–5

ISBN 3–8231–0110–2

ISBN 3–8231–0162–5

ISBN 3–8231–0101–3

ISBN 3–8231–0120–X

ISBN 3–8231–0137–4

ISBN 3–8231–0121–8

ISBN 3–8231–0152–8

ISBN 3–8231–0157–9

ISBN 3–8231–0122–6

ISBN 3–8231–0144–7

ISBN 3–8231–0114–5

ISBN 3–8231–0113–7

ISBN 3–8231–0541–8

ISBN 3–8231–0554–2

ISBN 3–8231–0107–2

ISBN 3–8231–0128–5

ISBN 3–8231–0112–9

ISBN 3–8231–0542–6

ISBN 3–8231–0149–8

ISBN 3–8231–0147–1

ISBN 3–8231–0167–6

ISBN 3–8231–0540–X

ISBN 3–8231–0129–3

ISBN 3–8231–0143–9

ISBN 3–8231–0168–4

ISBN 3–8231–0119–6

ISBN 3–8231–0123–4

ISBN 3–8231–0134–X

ISBN 3–8231–0154–4

ISBN 3–8231–0163–3

ISBN 3–8231–0164–1

ISBN 3–8231–0169–2

ISBN 3–8231–0170–6

ISBN 3–8231–0124–2

ISBN 3–8231–0140–4

ISBN 3–8231–0117–X